あさしょうキッズドリル ❶

よんで　かいて　おぼえる

おはなし ひらがな

編著・朝日小学生新聞　絵・ふじもと あきこ

もくじ

このドリルのつかいかた

この じを れんしゅうします。

よんだら○、かいたら○、おぼえたら○を つけましょう。

おはなしの だいめい

れんしゅうする じには、いろが ついています。よみながら かくにんしましょう。

なぞって かきましょう。れんしゅうする じには、いろが ついています。とくに ちゅういして、かきましょう。 ※グレーの じは、ほかの ページに でてくる じですが、いっしょに かきましょう。

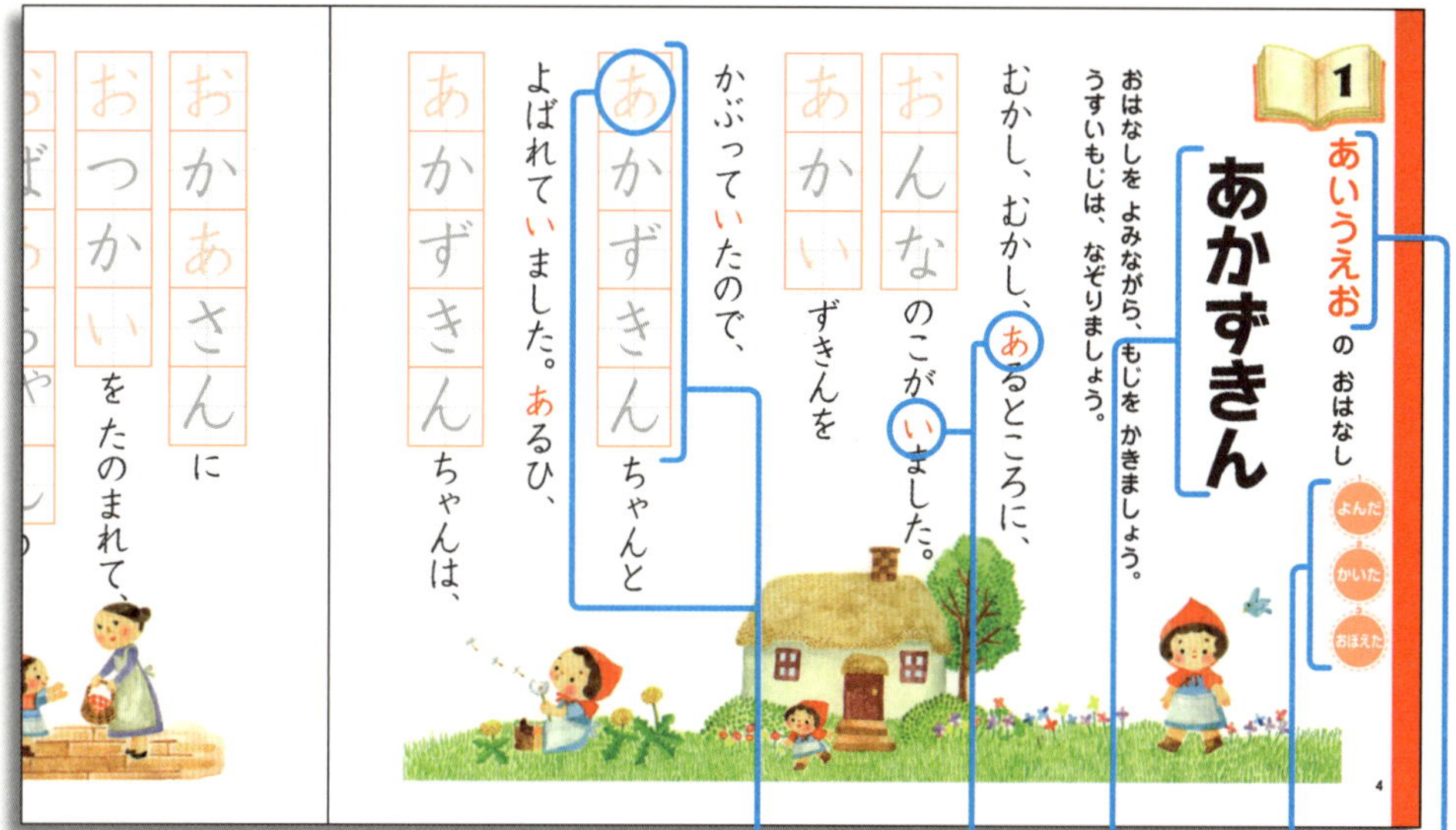
1
あいうえお の おはなし
よんだ
かいた
おぼえた
おはなしを よみながら、もじを かきましょう。
うすいもじは、なぞりましょう。
あかずきん
むかし、むかし、あるところに、
おんなのこが いました。
あかい ずきんを
かぶっていたので、
あかずきん ちゃんと
よばれていました。あるひ、
あかずきん ちゃんは、
おかあさん に
おつかい を たのまれて、
4

さあ、れんしゅうを はじめよう

まず、おはなしを こえに だして、よみましょう。

よみながら、□に じを かきましょう。

じを かいたら、おうちの かたに かくにんして もらいましょう。

なんども くりかえし よんで、おはなしを おぼえましょう。

おうちのかたへ

★有名な昔話がテキストに

五十音の各行ごとに、1本のおはなしを取り上げて、全部で10本を収録しています。小さい頃から慣れ親しんだだれもが知っているおはなしなので、取り組みやすく、字の練習と身構えることなく、すらすらと書き進めることができます。最初は、読み聞かせをしたり、いっしょに声を出して読んだりすることから、始めることをおすすめします。

★読んで、書いて、また読んで

書き終えたら、正しく書けているか、確認をしてあげてください。書き直して、おはなしが完成したら、声に出して読ませましょう。くりかえし、読むことで、字の練習だけでなく、おはなしのストーリーもおぼえることができます。

★おはなしと文字を復習

64ページ以降は、おはなしの登場人物（動物）やことばを抜き出して、復習するページです。むずかしい場合は、いっしょにおはなしのページを見返してあげてください。

1

あいうえお の おはなし

あかずきん

1 よんだ
2 かいた
3 おぼえた

おはなしを よみながら、もじを かきましょう。

むかし、むかし、あるところに、
おんな
のこが いました。
あかい
ずきんを
かぶっていたので、
あかずきん
ちゃんと
よばれて いました。あるひ、
あかずきん
ちゃんは、

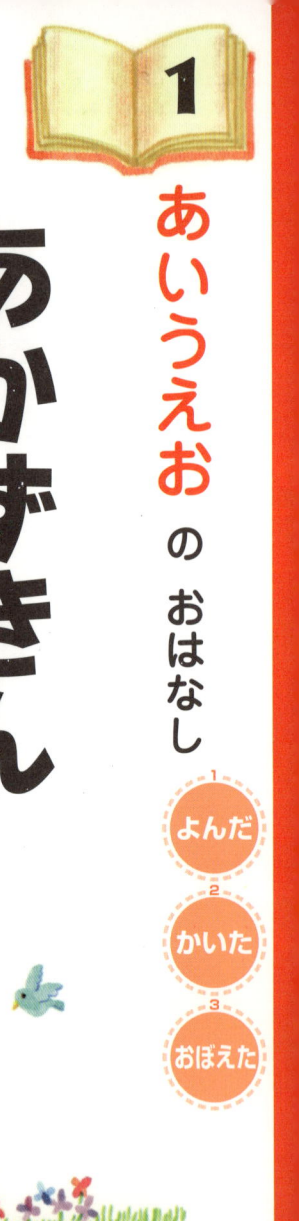

おかあさんに
おつかいをたのまれて、
おばあちゃんの
いえに
おかしをもっていきました。

すると、もりで、
おおかみにばったり。

あかずきんちゃんが、
「おばあちゃんの
おうちにいくの。」というと、

おおかみは、
おばあちゃんの
いえにさきまわり。
おおかみは、
おばあちゃんを
ぺろりとたいらげ、
ふとんにもぐりこみました。
あかずきんちゃんが
おばあちゃんの
いえにつくと、

なんだか ようすが へんです。
「おばあちゃん の
てや、あし、みみ、
そして くちは、なんて
おおきい ので
しょう?」と、びっくり。
あかずきん ちゃんが
おかし を わたすと、
おおかみ は
「それは おまえ を

たべちゃうためさ。」と、
あかずきんちゃんを
ひとくちで のみこみました。
「あー、おなか
いっぱい。」
おおかみは、
ねてしまいました。
そこへ、りょうしが
とおりかかって、
いえのなかを のぞくと

おおかみがねています。
りょうしは、
おおかみの
おなかをきって、
おばあちゃんと
あかずきんちゃんを
たすけだしました。

2

かきくけこ の おはなし

かさじぞう

おはなしを よみながら、もじを かきましょう。

1 よんだ
2 かいた
3 おぼえた

むかし、あるところに、
こころ やさしい
おじいさんと おばあさんが
くらし ていました。
かさ を あんで、
うっていましたが、せいかつの
くるしさ は、

かわりません。
くれがせまっても、
しょうがつのしたくをする
おかねもありません。
おおみそかも、
おじいさんは、かさを
うりに、まちへ
でかけましたが、
かさはひとつも
うれませんでした。

ゆきがふぶきに
なってきたので、いえに
かえることにしました。
おじいさんは、みちの
かたすみに、さむそうに
ならんでいる おじぞうさんたちに
きづきました。
「かわいそうに。」
おじいさんは、
きれいに

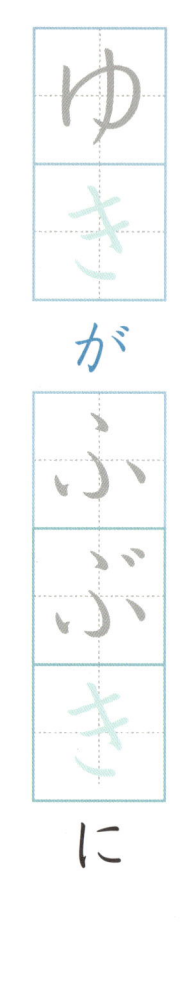

ゆきをはらって、
もっていた　かさを
かぶせて　あげました。　でも、
かさが　ひとつ　たりません。
おじいさんは、
じぶんの　てぬぐいを
かけて　あげました。
なにも　かえずに
かえりましたが、
おばあさんは、「よい　ことを　した。」

と、にこにこ。
そのよる、ねていると、
とおくから
くりかえし、
うたごえが
きこえてきます。
きのとをあけてみると、
びっくり。
こめだわら、
ごちそう、

こばんのはいった
ふくろが
たくさん。
かさじぞうからの
おくりものに、
ふたりは
かんしゃして、
しんねんを
おいわい
しました。

3

さしすせそ の おはなし

しらゆきひめ

おはなしを よみながら、もじを かきましょう。

1 よんだ
2 かいた
3 おぼえた

むかし、ある おしろに、
しらゆきひめ という
すはだが ゆきのように
しろく かわいらしい
おひめさまが いました。
おうさまの あたらしい
おきさきさまは、

じぶんがいちばん
うつくしいと
しんじていました。
まいにち、まほうのかがみに
しつもんします。
「せかいでいちばん
うつくしいのはだあれ？」
あるとき、かがみは、
「しらゆきひめは
あなたのせんばい、

うつくしい」とこたえました。

「ぜったいに

ゆるせない。」

おきさきさまは、かりうどに

もりでころすように

さしず

しましたが、

かりうどは、にがして

あげました。しらゆきひめは、

しちにんのこびとの

ちいさな

いえを みつけ、

そうじ、
せんたく などの
せわを して、そこに
すむ ことに なりました。
おきさきさまが、かがみに
ふたたび たずねると、
「しちにんの こびとの
いえに いる しらゆきひめの ほう
が うつくしい。」と いいます。
おきさきさまは おこって、

ものうりのすがたに
へんそうして、
もりへ むかい、 どくりんごを
しらゆきひめに
すすめました。
ひとくち かじると、 たおれて
すこしもうごきません。
こびとたちは、 そばに
すわって、
しくしくなきだしました。

そこへ、となりの くにの
おうじさまが
とおりかかり、ひとめで
すきになりました。
だきあげると、どくりんごの
かけらが のどから とびだし、
めがさめました。
ふたりは けっこんして、
しあわせに
くらしました。

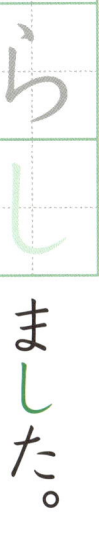

4

たちつてと の おはなし

つるの おんがえし

1 よんだ
2 かいた
3 おぼえた

おはなしを よみながら、もじを かきましょう。

むかし、まずしい とちに
ひとりの わかものが いました。
ちからしごとを
おえて かえる
とちゅう、
わなに かかった
つるを みつけました。

「たすけて やろう。」と
ちかづき、
わなを といて、
にがして やりました。
つぎの よる、
わかものは、いえの
とを たたく
おとを ききました。
とを あけると、
むすめさんが いました。

「みち に まよいました。
どうか ひとばん
とめて ください。」
わかものは、とめて あげました。やがて、
はたらきもの で、
やさしい むすめさんは、わかものの
つま に なりました。
あるひ、つまは へやに こもって、
はたおり を はじめました。
「はたおり の とき は、

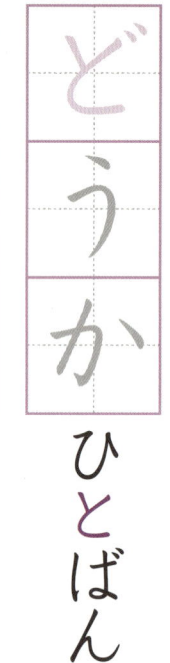

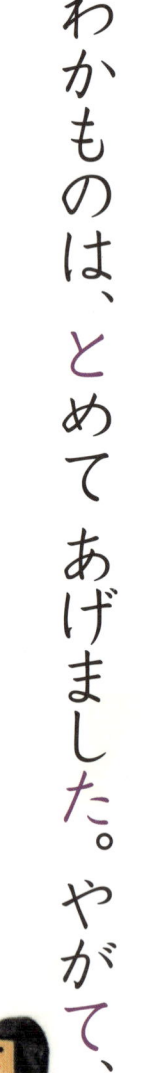

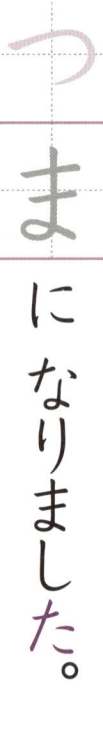

ぜったいになかを
のぞかないでください。」と、
たのみました。
つぎのひも、つぎのひも、
かたんとん、
かたんとん、
はたおりはつづきました。
そして、つまは、
とてもうつくしい
たんものをわかものに

てわたしました。
このたんものは、まちで、
たかい ねだんでうれたので、
わかものは おおよろこび。
つまは、はたおりを はじめると
ずっと でてきません。
とうとう、なかを
ちらり とのぞくと、
いちわの つるが、
からだの はねを ぬいて、

はたを おって います。 へやから でて きた
つまは いいました。
「もう ここには いられません。
わたしは、 あなたに
たすけて もらった
つるです。」
たちまち つまは、
つるに もどって、
とおくの そらに
とびさって しまいました。

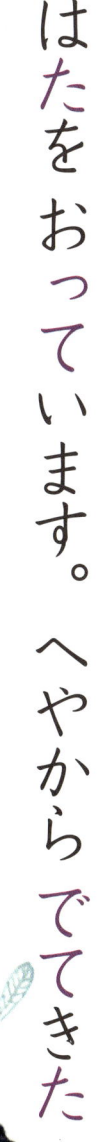

5

なにぬねの の おはなし

ねずみの よめいり

おはなしを よみながら、もじを かきましょう。

1 よんだ
2 かいた
3 おぼえた

むかし、あるいえのこめぐらにすむ
おかねもちの
ねずみのふうふが、
かみさまにおねがいして
おんなのこを
さずかりました。
おおきくなると、

にほんいち、
うつくしい、じまんの
むすめになりました。
ねずみの
なかまには、
むすめに
にあう
おむこさんは いませんでした。
そこで、おひさまに
たのみに いきました。
「よのなかで、

いちばん えらいのは
あなたです。
むすめを およめさんに
してください。」
おひさまは、
「にこにこして
よのなかには、
わたしより、
えらい
ものがある。
それは くもです。

くもが さえぎってしまったら、
ぬくぬく あたたかく
すごせないでしょう。」
「なるほど。」
くものところに いくと、くもは
「いいえ、わたしは、
かぜに ふきとばされたら、
「かなわない。」
かぜのところに いくと、
「でも、かべが たっていたら、

わたしは、ふきとばすことが
できません。えらいのはかべです。」
ところが、かべはいいました。
「わたしは、ねずみの
あなたたちには、
かなわない。
なんども
あなをあけて、
とおりぬけてしまう。」
ねずみのふうふは、

「なるほど。わしらが
いちばん　えらかったとは！」と、
なっとく　しました。

むすめは、となりの
むらの　ねずみの
およめさんと　なり、
たくさんの　こどもを
うみました。そして、
ながい　あいだ
なかよく　くらしました。

6

はひふへほ の おはなし

はだかの おうさま

1 よんだ
2 かいた
3 おぼえた

おはなしを よみながら、もじを かきましょう。

むかし、あるおしろに、
ようふくが だいすきな
おうさまが いました。
あるひ、
ふたりのおとこが
やってきて いいました。
「わたくしどもは、よにもうつくしい

はなやかな ぬのを
つくることが できます。それは、
ばかな ひとには、
みえない ふしぎな ぬのです。」
おうさまは、たくさんの
おかねを はらって、
ちゅうもんしました。
はやく ぬのを みたいけれど、
しんぱいです。そこで
まず、だいじんを みに いかせました。

へやにはいると、
はたおりきだけで、
いとも ぬのも ありません。
「どうです？
すばらしいでしょう。」
ほんとうは
はたをおるふりを
しているだけなのに、
にせもののふたりは、
ほこらしげでした。

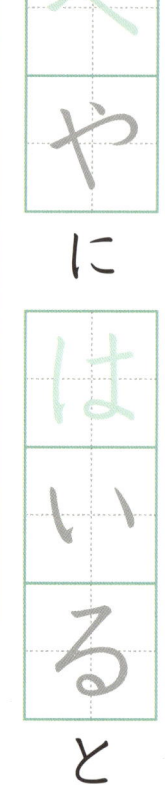

「へんだな？　じぶんは
ばかものなのか？」
と、だいじんは　おもいましたが、
「ほんとうに
すばらしい。」
と、ほめて、おうさまに
ほうこくしました。
ほかの　やくにんも、おなじでした。
おうさまは　じぶんで、
みに　いくことにしました。

おとこたち ふたり は、
「おうさまに ぴったり。」
と、ぬのを さしだしますが、
ほんとう は みえません。
「ほー、これは きに いった。」
おうさまの ふく が できました。
おひろめ の ひ、
おうさまは、みえない
ふく を きて、
まちを こうしん しました。

ひとびとは
びっくり。
でも、
うそをついて
ほめました。
すると、
ひとりのこどもが、
「おうさまははだかだー。」
とさけび、みんな わらいだしました。
はずかしい
けれど、
おうさまは、
ふだんどおり
あるき つづけました。

7

まみむめも の おはなし

ももたろう

1 よんだ
2 かいた
3 おぼえた

おはなしを よみながら、もじを かきましょう。

むかしむかし、
あるむらに おじいさんと
おばあさんが すんでいました。
まいにち、
おじいさんは、
やまに しばかりに、
おばあさんは、かわへ せんたくに

いきました。あるひ、
かわのみずで、
せんたくをしていると、
めのまえに
おおきなももが
ながれてきました。
「まあ、なんてみごとな
ももでしょう。」
おばあさんは、ももをうちへ
もってかえりました。

「これは うまそう じゃ。」

と、おじいさん。

もも を きろうとすると、

ぱっかりと ふたつに われて、

おとこの あかちゃんが でてきました。

「ももたろう」と、

なづけられ、

すもう が とくいで、

たくましく、かしこい

こども に そだちました。

そのころ、おにがしまでは、
おにが あばれまわり、
むらびとが
こまって いました。
ももたろうは、
おにたいじに いくことにしました。
かたなと、にほんいちおいしい
きびだんごを もって、
しまへ むかいました。
むらはずれで、

いぬに あいました。いぬは、
きびだんごを もらい、
けらいに なりました。
やまみちに いた、
きじも、だんごに ひかれて
ついて いきました。
もりに はいると、さるも、
おともに なりました。
うみの むこうに
しまが みえてきました。

「さあ、おにたいじだー。」
おにのめをつつき、
みみにかみつき、
むねをひっかきました。
「もうわるいことはしません。
たからものは
みんなさしあげます。」
ももたろうたちを
むらびとはよろこんで、
でむかえました。

8

やゆよ の おはなし

よくばりな いぬ

1 よんだ
2 かいた
3 おぼえた

おはなしを よみながら、もじを かきましょう。

むかしむかし、あるところに
よくばり な
いぬが いました。
にくや のまえで、
よだれ を たらしています。
よく みると、
ゆか に、にくが

おちています。

いぬは、ゆうきを だして、ゆっくり ちかづいて、にくを すばやく くちに くわえると、ぜんそくりょくで、はしりだしました。

にくやの おやじさんは、もう おいつけません。

いぬは、まちを はしりぬけ、
やまの ふもとに ある
はしの うえまで
やって きて、
ほっと、ひと やすみ。
「やったあ、
もう だいじょうぶ。」
これで ゆっくり
たべられると おもうと、
よろこびが

こみあげてきました。
ふと、はしの したに
めを やると、
かわの なかに、
おなじように
こちらを みている、いぬが います。
「へんなやつ！」
そして、そいつの にくの ほうが
おおきいように
みえます。

「よし、
おどかして やろう。
そのにくを よこせ。」
と、よくばりな
いぬは、
「うー、わん」と ほえました。
すると、くわえていたにくは、
かわに ぽちゃん と、
おちて しずんで いきました。
やっと、

いぬは きがつきました。
「あー、くやしい。」
あのいぬは、みずにうつった
じぶんの すがただったのです。
ゆらゆらと
いまもうつっています。
いつのまにか
やまには
ゆうひが
しずんで いきました。

9

らりるれろ の おはなし

らいおんと ねずみ

1 よんだ

2 かいた

3 おぼえた

おはなしを よみながら、もじを かきましょう。

あるひ、

らいおんが、

もりで

ひるねをしていました。

ねずみたちは、へいきで

らいおんの

まわりを

くるくる まわって、
あそんでいました。
ところが、
いっぴきの ねずみが、
らいおんの
あたまの うえで
ころんで、
らいおんを
おこして しまいました。
「うるさい」。

だれだ！
おれの あたまの うえに
のっているのは。」
ねずみは びっくり。
とびおりましたが、
とらえられ、
ぶるぶる
ふるえて いいました。
「どうか ゆるして
ください。うっかり

あたまに のって しまいました。
ゆるして
くださったら、いつか きっと、
おやくに たちますから。」
はらを たてて いた
らいおんは
わらって しまいました。
「おまえの ちからで
いったい なにが
できるんだ？」

ねずみを にがして やりました。
しばらくして、
らいおんは、
りょうしが しかけた
わなに かかって しまいました。
あばれると、ますます
にげられません。
「もう おわりだ。」
がっくりして いると、
あの ねずみが やって きて、

するどいまえばで、
がりがりと、
つなをかみきり、
たすけてやりました。
「ありがとう。
おまえのちからで
いのちびろいした。」
らいおんは、ねずみに
おれいをいい、
なかよくくらしました。

10

わをん の おはなし

わらしべ ちょうじゃ

1 よんだ
2 かいた
3 おぼえた

おはなしを よみながら、もじを かきましょう。

むかし、はたらいても
はたらいても、まずしい
わかもの が いました。
びんぼう から、
なんとか ぬけだしたいと、
かんのん さまに
おまいりしていました。すると、

「ここを でて、
さいしょに ふれたものを
だいじに しなさい」と、
かんのん さまの
おつげが ありました。
わかもの は、
おどうを でると、
いしに つまずいて、
ころんで しまいました。
ぐうぜん、
いっぽん の

わらしべを てに つかんで いました。

わらしべを もって いると、あぶが とんで きたので、つかまえて、わらしべ の さきに むすびつけました。

すると、ちいさな おとこのこが 「あれがほしい。」と さけびました。

わかものの が、
わらしべ を あげると、
おれいに みかんを
みっつ、くれました。
すこし あるくと、
しょうにん が
のどが かわいて あるけないと、
くるしんで います。
みかんを さしだすと、
たんものを

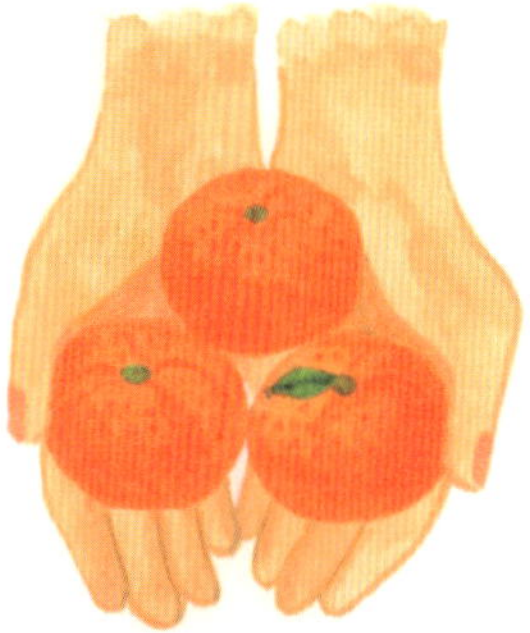

くれました。
つぎは、じぶんの
うまが たおれて こまっている
さむらいに あいました。
わかものは、うまを
ひきとって、たんものを
わたしました。
うまに みずを やると、すぐに
げんきになりました。
うまに のって すすむと、

おおきな やしきの まえに きました。
そこの しゅじん は、
うまが ほしいと いいます。
わかもの に
るすばん を たのみ、
たびだちました。
しゅじん は、ずっと
もどらなかったので、
わかもの は、
やしきで しあわせに くらしました。

11 おはなしから さがそう 「゛」「゜」の つく ことば

1 よんだ
2 かいた
3 おぼえた

「゛」「゜」の つく じを かきましょう。

が	ざ	だ	ば	ぱ
ぎ	じ	ぢ	び	ぴ
ぐ	ず	づ	ぶ	ぷ
げ	ぜ	で	べ	ぺ
ご	ぞ	ど	ぼ	ぽ

「゛」の つく じを □に かきましょう。

① ものうりの す□た に へんそう する。

② □り□り とつなを かじる。

③ ふし□ なぬの

④ □んき に そだつ。

⑤ □ちそう を たべる。

⑥ うまに み□ を のませる。

⑦ かさ□□う

⑧ そう□ を する。

⑨ あか□きん

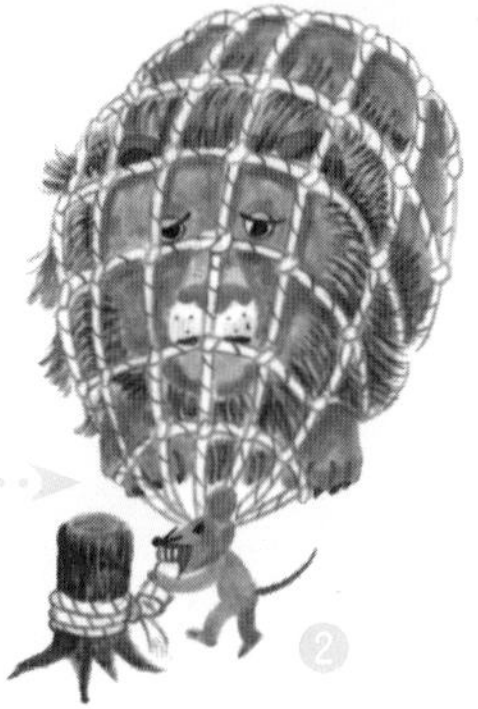

⑩ ね　み

つまは、

⑪ 　っ　たい

に みないで ください
と いう。

⑫ は　か

おいしそうで

⑬ よ　れ

が でる。

おじぞうさまに

⑭ き　く。

むらびとたちが

⑮ 　む　か　え　る。

⑯ こ　も

⑰ お　あ　ち　ゃ　ん

⑱ こ　ん

⑲ よ　く　り

な い ぬ

⑳ おにがあばれて っくり して にげる。

㉑ むら と が こまる。

㉒ ふ き になる。

㉓ わらし

「ｏ」の つくじを □に かきましょう。

① おなかが いっ い 。

② おうさまに った り と すすめる。

③ おうさまは しん い する。

④ おにくが かわに ちゃん と おちる。

⑤ いっ ん の わらしべ

12 おはなしから さがそう 「っ」「ゃ」「ゅ」「ょ」の つく ことば

1 よんだ　2 かいた　3 おぼえた

「っ」「ゃ」「ゅ」「ょ」の つく じを かきましょう。

つ や ゆ よ

「っ」「ゃ」「ゅ」「ょ」の つく じを□に かきましょう。

① はだかのおうさまに び□くり する。

② しらゆきひめは、おうじさまと け□こん する。

③ らいおんの あたまの うえに う□かり のる。

④ ねずみが いちばんえらいと な□とく する。

⑤
おばあち ん

らいおんは、たすけてもらって

⑥
かんし する。

おにくが かわに

⑦
ぽち ん と おちる。

おおきな おやしきの

⑧
し じん

おうさまは、ぬのを

⑨
ち うもん する。

いぬは ここまで くれば

⑩
だいじ うぶ と あんしんする。

とおりかかった

⑪
り うし

おれいに たんものをくれた

⑫
し うにん

13 おはなしから さがそう なかまの ことば

えに あうように □に じを かきましょう。

どうぶつを あらわす ことば

① お□かみ

② □る

③ □ずみ

④ い□

⑤ □じ

⑥ □る

⑦ う□

1 よんだ

2 かいた

3 おぼえた

たべものを あらわす ことば

⑧ いおん

① ち

② だい ん

③ んじん

④ さ な

⑤ ん ご

⑥ も

⑦ く

⑧ みか

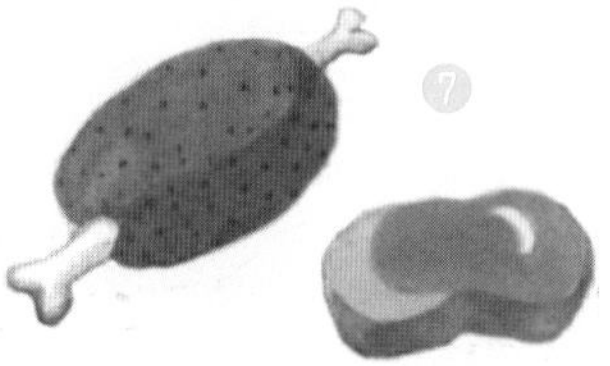
⑦

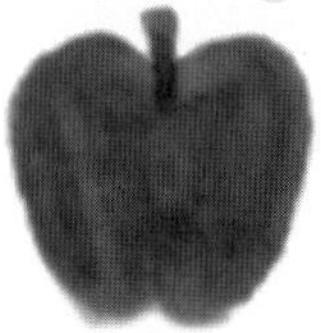
⑤

④

⑧

⑥

① ② ③

⑧

うごきを あらわす ことば

えに あうように □に じを かきましょう。

① みる

② きく

③ はしる

④ あげる

⑤ もらう

⑥ たべる

⑦ ねる

⑧ すわる

⑨ たおれる

1

2

3

4

5

6

7

8

9
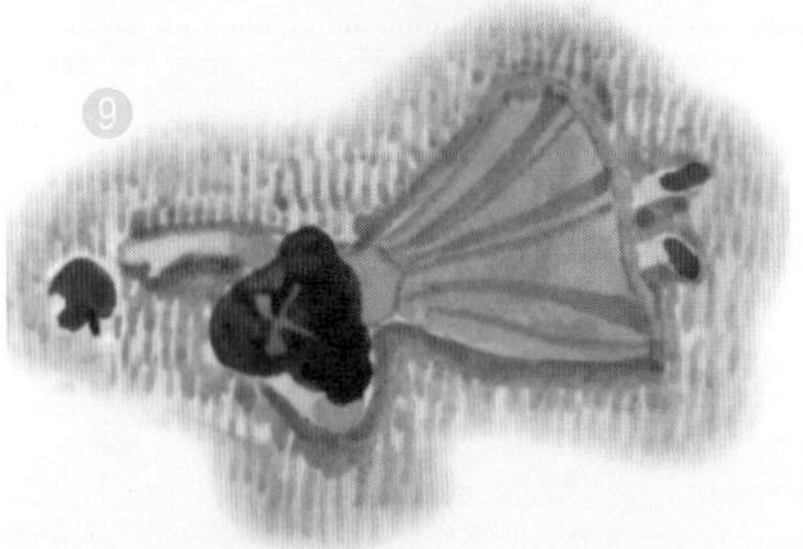

⑩ うる

⑪ かう

⑫ たのむ

⑬ おう

⑭ にげる

⑮ あやまる

⑯ かんがえる

⑰ いのる

⑱ ころぶ

⑲ のる

14 おはなしから さがそう はんたい ことば

えに あうように □に じを かきましょう。

① おおきい ↔ ② □いさい

③ つよい ↔ ④ □わい

⑤ ふとい ↔ ⑥ ほ□い

よんだ かいた おぼえた

⑦ おおい

⑧ すく

⑨ たかい

⑩ くい

⑪ くらい

⑫ あるい

15

かくにんしよう

おはなしの おさらい1

なんの おはなしかな？ えに あう じを □に かきましょう。

できた

おはなしの だいめい

□□□□□□□

おかあさんに

お□□□を

たのまれました。

あかずきんちゃんは、

□りで

□□か□に

あいました。

おおかみは、 さきまわり して
お　　ち　　
を たべて しまいました。
あかずきんちゃんが、 ちかづいて
　か　
を わたすと、
おばあちゃん ではなく、
へんそうした おおかみが
お　　な
くち で、
あかずきんちゃんも たいらげました。
とおりかかった
り　　し
が
ふたりを たすけだしました。

16

かくにん しよう

おはなしの おさらい2

なんの おはなしかな？ えに あう じを □に かきましょう。

できた

おはなしの だいめい

□□□□□

おばあさんが せんたくを していると、

おおきな も□ が

ながれてきました。

□□ を きろうと すると

おとこのこが でてきました。

も□た□□ と

なづけました。

おおきく なって、 むらびとの ために
お□たいじに、
いくことに なりました。
ももたろうは、
い□と□る、きじを
おともに、 しまへ むかいました。
ももたろうたちは、 おにの
□□をつき、み□□にかみつき、
むねを ひっかいて、 やっつけました。
ももたろうたちは むらに、
たから□□を
もって かえりました。

表紙・本文絵

ふじもと あきこ

埼玉県生まれ。東京造形大学デザイン学科テキスタイルデザイン専攻卒。卒業後、フリーのイラストレーターとして、書籍・雑誌などを中心に活動している。趣味は、愛犬クマの散歩。
http://fakiko.web.fc2.com

あさしょう キッズドリル ❶
よんで かいて おぼえる **おはなし ひらがな**

2016年 6 月 5 日　初版第 1 刷発行
2019年 3 月20日　　第 4 刷発行

編　著　朝日小学生新聞
　　絵　ふじもと あきこ

発 行 者　植田 幸司
発 行 所　朝日学生新聞社
　〒104-8433　東京都中央区築地 5-3-2 朝日新聞社新館 9 階
　電話　03-3545-5436（出版部）
　www.asagaku.jp（朝日学生新聞社の出版案内など）

企画・編集　水上 美樹

印 刷 所　株式会社 リーブルテック

Printed in Japan
ISBN 978-4-907150-77-8

わ わらしべちょうじゃ	ら らいおんとねずみ	や やま	ま まいる	は はだかのおうさま	な なく	た たんもの	さ さる	か かさじぞう	あ あかずきん
	り りんご		み みかん	ひ ひとびと	に にく	ち ちょう	し しらゆきひめ	き き	い いえ
を みずをやる	る ひるね	ゆ ゆか	む むすめ	ふ ふく	ぬ ぬすむ	つ つるのおんがえし	す すわる	く くも	う うま
	れ れんしゅう		め めがね	へ へんそう	ね ねずみのよめいり	て て	せ せんたく	け けっこん	え えがお
ん にんじん	ろ ろうそく	よ よくばりないぬ	も ももたろう	ほ ほん	の のぞく	と とぶ	そ そうじ	こ ころぶ	お おおか